사랑, 그 아름다운 세 번째 이야기

기다림은 사랑보다 아름답다

세 번째 이야기를 꺼내며

살아온 날이 많아질수록 할 얘기도 많을 것 같은데
살아갈수록 이야기가 줄어듭니다.
살아온 날이 길수록
내 곁에 남아있는 사람이 많을 줄 알았는데
그들은 하나 둘 날 떠나갑니다.

내게 작은 바램이 있다면
이미 살아온 날보다는 남은 날에 기대어
늘 기쁨으로 살게
이미 만나고 헤어져야했던 많은 사람들을 다시
품에 안을 수 있게
앞으로 남은 날이 그런 날이기를....

나의 이 작은 이야기가
바람 속에 겉돌더라도
어느 누군가의 마음에 잠시라도
앉아있다 갈 수 있었으면 좋겠습니다.

2007년 9월
박 노 산

차 례

제 1부 밴댕이 소갈머리

제 2부 섬

제 3부 작은 것은 아름답다

제1부
밴댕이 소갈머리

6 기다림은 사랑보다 아름답다

밴댕이 소갈머리

별 것 아닌 일로 삐집니다.
서로가 밴댕이라 놀리지요.
하지만 둘 다 밴댕이라
우린 바로 희희덕거립니다.

별 것 아닌 일로 다툽니다.
서로가 밴댕이라 놀리지요.
하지만 둘 다 밴댕이라
하루가 지나면 잊고 만답니다.

소갈머리야 없지만
상한 마음을 오래 갖지 않는
우리는
밴댕이라도 즐겁게 산답니다.

아내의 외출

등산을 간다기에
무뚝뚝하니 그래라 했다.
아니 가지 말라는 투로 알아서 하라 했다.

저녁때가 되어도 아내는 오지 않았다.
집에 전화를 해보니
아이들 셋하고
햄스터 두 놈만이
덩그러니 앉아있는 모습이 보인다.

아내의 입속에서 출렁거리는 소주냄새와
아이들의 뱃속에서 꿈틀대는 허기가
두 눈에 심지로 꽂힌다.

그래, 오너라.
그리하고 오너라.
산꼭대기에 쏟아버린
그 허기진 배를 다 채울려면
온 몸이 술통이 되어야 할 일....

아내는 오지 않았다.
밤 12시를 넘겨서도 아내는 오지 않았다.
아이들은 잠든 채 문을 잠그고
문을 열지 않는다.
내겐 열쇠가 없다.

이제 열쇠를 가진 사람은
산꼭대기에 올라 맑은 눈으로
세상을 보고 온 아내뿐이다.
아내뿐이다,
내게 문을 열어줄 딱 한 사람……

주저앉아 아내를 기다린다.
그리도 수 많은 날을 기다려야 했던 사람,
어둡고 긴 날을 걸어온 내게
반갑게 문을 열어주었던 사람,
오늘 또 그 사람이
문을 열어주기를 기다린다.

아내가 왔다.
하지만 아내에게도 열쇠는 없었다.
내 인생만큼이나 출렁거리는 가슴만
덩그러니 안고 왔다.
이제 열쇠를 가진 사람은 아이들이었다.

아내와 핸드폰

집 전화는 선이 길게 늘어져 있어
나다니자니 참으로 고달플 일이다.
그래서 아내와 함께
늘 집에 있었다.

둘이 붙어있어도 하루 이틀이지
그도 괴로울 일.
핸드폰 노래를 하는 아내에게
큰 맘 먹고 핸드폰을 사 주었더니
아내는 동창회부터 나갔다.

줄이 없는 핸드폰은
아내와 함께 등산을 하고
아내와 함께 자고
아예 매월 미팅을 하기로 했단다.

집 전화는 쓸모가 없어지고
아내는 핸드폰을 따라
매일매일 집을 나선다.

아내를 잃은 집 전화는
늘상 같은 목소리로
이제 아이들만 부른다.

<시작노트>
편한 것도 좋지만 다소 불편한 것도 그런대로 즐길만 한 것 같습니다. 연락이 닿지 않아 걱정하며 누군가를 기다리던 때가 새삼 그리운 것은 무슨 까닭일까요.

동화책을 읽어주다가

아이들에게
동화책을 읽어주다가,

홍길동를 읽어주다가
탈옥수 신모씨를 떠올린다.
그는 홍길동이 아닌데
동화처럼 살고 싶었을까.

보물섬을 읽어주다가
돈으로 꽉 찬 냉장고를 떠올린다.
어느 날 말 못하고 죽는다면
우리는 그 냉장고를 찾아나섰을 지도 모른다.
그도 동화처럼 살고 싶었을까.

벌거벗은 임금님을 읽어주다가
정치인을 떠올린다.
속고 속으며 스스로 발가벗는 사람들,
그들도 동화속에 살고 있는 것일까.

선녀와 나무꾼을 읽어주다가
아내를 바라본다.
내가 그의 옷을 감춘 것을 알고 있을까.
언젠가는 나의 잘못을 용서받아야겠지만,
아들 딸 셋을 낳았으니
이제 집을 나갈 걱정도 없는데
나는 동화가 끝나는 것이 두렵다.

〈시작노트〉
동화처럼 살고 싶지만 우리의 현실은 그럴 수가 없습니다. 동화처럼 살려는 사람들도 보이지만 그것은 동화가 아니라 착각이겠지요. 오늘 아이들을 위해 동화책을 읽어주십시오. 그리고 가능하다면 아내에게도 동화를 들려주십시오.

월급봉투

한 달을 살다 허기질 때 쯤이면
요술램프의 거인처럼
작고 하얀 몸으로 두 손에 나타나

모처럼 가족과 함께 짜장면이라도 먹을 수 있게
모처럼 노래라도 할 수 있게
모처럼 술 한 잔 살 수 있는 기쁨이게
너는 내 가슴을 부풀게 한다.

너로 인해 우리 다섯 식구가
한 달 여를 풍족히 살 수 있는 것이니
아내도
아이들도
나보다 널 기다리는 모양이다.

아내는 매일 내게 기쁨을 주고,
아이들도 하루에 두 번은 내게 기쁨을 주는데,
그래도 서른 날에 한 번은

내 사랑하는 이들에게 기쁨을 줄 수 있다는 것을
너에게 감사한다.
언제쯤 너의 요술을 빌지 않고
내 가족을 기쁘게 할 수 있을거나.

<시작노트>

월급쟁이라고 하지 맙시다. 요술램프를 가진 알라딘이라 합시다. 한 달에 한 번은 거인을 만들어 많은 사람을 기쁘게 해주는 사람이지요. 비록 다른 것의 힘을 빌지만 그를 만들어 내는 것은 바로 당신 아닙니까? 한 달에 한 번 우리는 알라딘이 되는 것입니다. 흥분되지 않습니까? 하지만 더 중요한 것은 요술의 힘을 빌지 않고 당신이 직접 기쁨을 주는 것이지요.

결혼 기념일

어제까지는 잊지 않았는데,
오늘 아침 집을 나설 때만도 잊지 않았는데,
세월이 흘렀어도 그 날은 잊을 수 없는 날인데,
잊어서는 안될 날인데,

저녁에 들어오니
아내 왈,
"아무 것도 사오지 않았어?"
한다.

그냥 만세나 부르지 뭐.
3.1절도 그렇고, 광복절도 그렇고
제헌절도, 한글날도
모두 다 만세 삼창이나 하고 말던데……

아내는 손에 들고 있던 내 웃도리를
허공에 날렸다,
마치 태극기인 양

우리는 해마다 그렇게
기념일을 보냈다.
만세 삼창과 태극기를 흔드는 것으로.
그 날만 지나면
나도 잊고
아내도 잊고
세상 사람들도 다 잊는다.

〈시작노트〉

기념일은 잊지 맙시다. 그리고 정말 가슴에 사무치는 기념행사를 했으면 좋겠습니다. 매년 하는 행사라고 만세나 부르고 말로만 떠들고..... 당신의 기념일은 어땠습니까?

너를 안았을 때

아침 출근이 바쁘다고
넥타이 매준다는 손마저 뿌리쳤던
늦가을,
낙엽이 하나 둘 남았을 때도
우리는 시린 가슴을 어루만지지 못했었다.

팔의 반쪽이
아궁이를 삐져 나온
한겨울의 나무토막 같다고
소스라치게 도망쳐야 했던
그 여름,
우리는 땀을 식힐 틈도 없이
곯아떨어져야 했다.

울던 너를,
눈처럼 고운 너를 안아주려고 했다만은
어찌 너를 안을 수 있으랴!
꽃처럼 어여쁜 너의 두 볼이

얼룩져 흘러 내리는데, 그 눈물 닦느라
우리는 가시바람에 찔린 가슴을
미처 쓸어안지도 못했다.

이 밤
홀로인 줄 알았는데,
하얀 목덜미를 남겨둔 채
달빛에 젖어 있는 너를 본다.
아직도 내 가슴을 잊지 않고 있었는가!
담장아래로 목련 한 잎이
무너진다,
그 엷은 두께가 소리보다 무겁게
가슴에 내려앉는다.

내일 아침
목련은 없다.

<시작노트>
목련이 핀 어느 집 뜰을 보니 문득 아내가 떠오릅니다. 늘 떠들어대지만 그래도 그 뒷모습은 늘 아름답습니다. (이 말을 한 번도 해본 적은 없지만…) 아직 덜 핀 목련처럼 희끗한 목덜미를 오늘은 안아보려 했는데…. 오늘 아내를 안아줘 보세요. 새로운 만남이 있을 것입니다.

내 맘도 모르고

모처럼 아이들 동화책을 사왔더니만
안하던 짓 했다고 좋아할 것이라 믿었더니만
아이들도 그렇고
아내도 그렇고, 다들
아빠가 최고라고 날뛸 줄 알았더니만

학교에서 읽으란 책이 아니라고
글자 수가 너무 많다고
아이도 아내도
불평입니다.

"내 그러게 안 살려고 했어.
내가 사온 것 좋아한 적이 있었냐구?"

아내는 한 번도
내가 사온 물건을 좋아한 적이 없습니다.
비싸게 샀다고,
맘에 안드는 것을 사 왔다고,

모양이 아니네, 크기가 아니네……
선물을 고를 때의 설레이는 고민을
아내는 몰라 줍니다.

늘 당한 일이면서도
오늘 또 화가 납니다.
기쁨을 주려고 했는데,
아빠 노릇과 남편 노릇과
사람 사는 노릇을 해보고 싶었는데,
아이들도 아내도 알아주질 않습니다.

"다시 사오나 봐!"

그래도 나는 또 사올 것입니다.
언젠가는 아이들도 아내도
없는 맘으로도 환호성을 지르겠지요.
사오고 또 사오다 보면
선물이 아닌 나의 맘을
기쁘게 받을 날이 언젠가는 올 것입니다.

〈시작노트〉
무슨 일이 있었는지 아시겠지요? 정말 짜증나고 화가 났었지요. 사실은 다음 날도 그런 일이 있었거든요. 아내가 이 시를 보고 조금이라도 양심의 가책(··)을 느꼈으면 좋겠습니다. 언제나 내맘을 알아줄 건지… 아내 여러분! 남편은 천진난만한 아이입니다.

감기 몸살

이마에 열은 나는데
몸은 춥습니다.
누구와 싸운 적도 없는데
뼈마디는 온통 욱신거립니다.

한 번도,
단 한 번도 누군가를 그리워하다
쓰러진 적도 없는데,
서너 장의 이불을 뒤집어 쓴 채로
세상의 뒷곁에 쓰러져 있습니다.

사람이 그리운 까닭을
사람이 소중한 까닭을
느껴보라 합니다.

세상에 태어나 죽기 전까지
남은 날이 얼마인가를
지금껏 무엇을 하였는가를
생각해보라 합니다.

이마에 열은 나는데
세상은 춥습니다.
누구와 싸운 적도 없는데
뼈마디는 온통 욱신거립니다.
내가 홀로인 까닭입니다.
나 홀로 이불을 뒤집어 쓴 채
세상의 음지에 쓰러져 있는 까닭입니다.

〈시작노트〉
사흘 째 몸살입니다. 어렸을 적 어머니께 배운 것처럼 두꺼운 이불을 두 장이나 뒤집어 쓴 채 땀을 뻘뻘 흘렸지요. 세상이 그리운 까닭에, 어쩌면 세상을 살아가기 위해서 빨리 나아야 한다는 생각에 참고 견디었습니다. 이불에 갇힌 세상에서 더 많은 것을 배웁니다.

이 나이에

"내가 네 앞에서 재롱 피우랴,
이 나이에?"
무르익는 숯불고기 뷔페의 분위기를 꺾으며
누군가 소리쳤습니다.

"이 나이"를 저는
단 한 번도 생각해 본 적이 없었습니다.
나는 참으로 게으른 놈입니다.
나이 마흔 다가서도록
"이 나이"를 생각해 보지 않았습니다.

이 나이가 어떤 나이인지
나는 알 수가 없습니다.
이 나이에 무슨 일을 해야하는 지도
나는 알 수가 없습니다.

"이 나이"가 궁금하여 기다렸지만
그 사람은
그 나이를 말하지 않습니다.

"이 나이"에 할 일도 궁금했지만
그 사람은 고기만 씹어댑니다.

나는 참으로 어리석은 놈입니다.
이 나이 되도록
"이 나이"를 모릅니다.
이 나이를 먹도록
"이 나이"에 해야할 일을 알지 못합니다.

하지만 한 번도
알지 못하는 이 나이를
남에게 말할 수 없었던 나는
참으로 부지런히 살아온 놈입니다.

〈시작노트〉
어린이 날이었습니다. 모처럼 "이 나이"값을 할까 하는 생각에 놀이공원을 갔지요. 나이값 하기 참 힘들더군요. 하지만 내가 누구에게 나이값을 하겠습니까? 집에 돌아와 고기부페에 갔더니만 "이 나이"라는 얘기가 들리더군요. 돌아보니 35세 쯤 되어보이는 여인이었습니다. 그 나이가 궁금했지만 결국 듣지 못하고 돌아와야 했습니다.

나 죽거든

지난 밤에는
끔찍이도 새들을 사랑했던 이가 죽은 모양이다.
지난 밤에 죽은 이는
끔찍이도 강을 사랑한 모양이다.
끔찍이도 하늘을 사랑했던 모양이다.
끔찍이도 나무들을 사랑했던 모양이다.

강이 울고
새들이 울고
하늘이 우는 것을 보면,
나무들이 슬픈 울음으로 몸을 떠는 것을 보면
그는 죽어서도 행복하겠다.
그는 죽어서도 외롭지 않겠다.

나 죽거든 누가 슬퍼할까.
나 죽거든 내 그리워 누가 울어줄까.
지금껏 한 여인만을 끔찍이 사랑했을 뿐인데,
나 죽을 때까지도
오직 한 여인만을 사랑할 뿐인데.

내 마음 아실 이

푸른 봄바람 내 몸을 드나들지만
내 마음 알지 못해요.
또옥 똑 맑은 봄볕 내 몸에 녹아들지만
내 마음 알지 못해요.

휘파람새도 알지 못해요,
저 흔들거리는 물결에 내 몸을 묻어도
알지 못해요,
내 마음.

사나흘을 빼고 삼백 예순 날을
내 몸을 끌어안고 산다지만
아내도 내 마음 알지 못해요.
보드라운 손끝으로 내 가슴을 건드려보지만
아이들도 내 마음 알지 못해요.

내 마음 나도 알지 못해요.
내 마음 아실 이
내 마음 속에 살아요.
내 마음 나도 어찌 할 수 없어요.

영등포역에서

분명 누군가의 귀한 자식으로 태어났을 겁니다.
그리고 귀하게 자라
부모에게 보답하리라 다짐했을 겁니다.

분명 누군가의 좋은 지아비였을 겁니다.
언제나 변함없이 그러리라 맹세하고
또 맹세하는 나날이었을 겁니다.

분명 누군가의 훌륭한 아버지였을 겁니다.
또 그렇게 생각해 주기를 바랬을 겁니다.
또 그렇게 하려고 애쓰고
또 애쓰며 살았을 겁니다.

그 사람이
지금 누군가의 발길에 채이고 있습니다.
지금 누군가가 버리고 간
발자국 위에 잠들어 있습니다.

내 아이가
누군가에게 묻습니다.
"왜 저 아저씨는 땅바닥에서 자?"
나도 알 지 못합니다,
내 아버지도
그 답은 알 지 못했을 겁니다.

<시작노트>

영등포역에 나갔다가 길에 쓰러진 채 잠든 몇 사람을 보았습니다. 숱하게 지나가는 그 누구도 이유를 묻지 않습니다. 마치 다 알고 있는 것처럼… 나도 그대로 지나쳤습니다. 마치 다 알고 있는 것처럼… 어쩌면 그 사람의 목숨이 끝나는 날까지도 우리는 그냥 지나칠지 모르겠습니다.

어린애 셋이서

둘째가 막내를 돌보느라 껴안고 노래를 들려줍니다.
막내는 듣다못해 답답했는지 악을 쓰며 웁니다.
둘째는 달래보려 노래를 더 크게 부릅니다.
막내가 엉엉 울기 시작합니다.
둘째도 덩달아 울기 시작합니다.
막내가 더 크게 웁니다.
둘째는 그보다 더 크게 웁니다.
옆에서 자고 있던 큰애가 일어납니다.
웬일인가 싶어 어이둥절하더니 막내를 안아줍니다.
막내는 울음을 그치지 않습니다.
큰애는 이마에 땀을 흘립니다.
그러나 울지는 않습니다.
둘째도 막내도 계속울어댑니다.
큰애의 눈에 눈물이 맺힙니다.
그러나 소리내어 울지 않습니다.
큰애는 컴퓨터 앞에 앉아 있는 나를 쳐다봅니다.
벌써 눈물이 두 볼에 흐르고 있습니다.
가슴이 뭉클해졌습니다.

나 어릴 적에

나 어릴 적에
어머니의 걱정스런 말씀,
너 커서 뭐가 될래?
너 커서 어떤 사람이 될려고 그래?

나 지금
내 딸들과 아들을 보며
너 커서 무엇이 될까?
너 커서 어떤 사람이 될까?

밥

밥을 먹으라 합니다.
군것질이나 말고 밥을 먹으라 합니다.
나에게도 아이들에게도
아내는 늘 밥을 먹으라 합니다.

밥을 먹어야 살 수 있다고 합니다.
밥을 먹어야 이길 수 있다고 합니다.
아플 때나 무력해졌을 때, 힘이 들 때면
아내는 늘 밥을 먹으라 합니다.

나도 아이들도 꾸역꾸역 밥을 먹습니다.
밥이 좋아서라기보다
아내의 말처럼 살기 위해 먹습니다.
아내의 말처럼 이기기 위해 먹습니다.

내가 이기지 못하면
아내도 아이들도 밥이 됩니다.
아이들이 이기지 못하면
나도 아내도 밥이 됩니다.

밥을 먹어야 내가 삽니다.
먹히기 전에 먼저 먹어야 삽니다.
먹기는 싫지만
내가 살기 위해,
아내와 아이들을 살리기 위해
오늘도 꾸역꾸역 밥을 먹고 있습니다.

불쌍한 내 밥......
언젠간 나도 너의 밥이 될거야.

<시작노트>
밥을 먹는 시간은 늘 다툼의 시간입니다. 아이들도 소리치고, 나도, 아내도 소리칩니다. 마치 살려고 전투하는 사람들처럼 우리는 늘 시끄럽게 밥을 먹습니다. 하지만 그게 우리들의 사는 방식이 되었습니다. 우리는 늘 건강합니다. 마음도 몸도......

달력 한 장

이제 당신의 곁을 떠납니다.
빗물에 젖은 마음과
땡볕에 허우적대던 몸과
나른한 휴일에도 땀흘리던 당신의 모습은
추억처럼
제가 간직하고 가겠습니다.

425벌의 옷을 다림질했다는 이야기와
3만원의 적금을 부었던 날과
24000원의 큰 아이 급식비를 주었던 날과
막내 아이 생일도
잊지 않고 간직하겠습니다.

당신도 잊지는 마십시오.
때로 하루를 허비하던 당신을 보며
때로 하루가 모자라 쩔쩔매던 당신을 보며
하루를 더 드리고도 싶었던
제 마음을.

제가 또다시 당신을 만난다면
아!
그 땐 후회 없는 날을 살겠습니다.
사라지는 당신의 뒷모습을 보며
즐거웠노라고,
후회 없이 살았노라고 손 흔들겠습니다.

희망에 부풀어 있던
당신의 가슴은 파편처럼 뒹굴고
눈물과 한숨과 기쁨의 얼룩만 남았습니다.
처음 만났던 하얗고 이쁜 얼굴에는
영원히 펴지 못할 구김만 남았습니다.

아,
나의 삶의 흔적을
지워드리지 못해 미안합니다.
저도 또한 당신의 흔적을
평생토록 안고 살아갈 것입니다.

눈 또는 비 올 날씨

하늘이라고 해서 늘 맑은 날은 아니군요.
하늘은 온통 뿌연 구름입니다.
눈이 오거나 비가 올 모양입니다.

장독대 옆으로 꽃망울들이 눈치를 살피고 있습니다.
나는 그 옆에서 우산을 들다말다
꽃잎처럼 서 있습니다.
아마 눈 또는 비가 올 모양입니다.

아내는 세탁기 앞에서
통에 들어가다 만 수건처럼
창문에 얼굴을 반쯤 걸치고 하늘을 살핍니다.
아마 눈 또는 비가 올 걱정을 하는 모양입니다.

아,
어둠을 막 벗어난 봄날에
눈이라면
비라면

슬픔에 젖는 저 꽃잎들을 어찌 할까요.
구름으로 가리운 아내의 얼굴은 어찌 할까요.

우리가 지금
눈 또는 비 올 날씨에 서성거리는 것은
겨울과 봄 사이에 사는 까닭입니다.

갈치 한 마리

왜 그랬을까?

그 어린 나이에
어머니 등에 업혀 병원에 가던 길에
나는 왜
어머니에게
커서 갈치를 사드린다고 했을까.....
왜 그랬을까?

비린내 나는 생선 중에 가장 비린내 나는 것을
나는 왜
밥을 먹다말고도
커서 돈 벌면
어머니에게 갈치를 사드린다고 했을까.....

어머니는 왜 어린 나에게
늘
그 가시 많은 갈치를 구워주셨을까.....

비싸기도 오살나게 비싸다드만
어머니는
늘 갈치를 구워주셨다.
나는 등에 업힐 때마다
갈치를 사드리기로 약속했었다.

나는 아직도 약속을 지키지 못했다.
나는 왜
비린내 나는 갈치를 사드린다고 했을까....
하필이면 갈치였을까?

<시작노트>

어렸을 적 모습이 생각납니다. 장에서 돌아오는 어머니는 늘 갈치 한 마리를 사오셨습니다. 하얗게 반짝이는 비린내, 신문지에 둘둘 말려 찾아오곤 했던 갈치. 지금도 가끔씩 저를 찾아옵니다. 그러나 이제 어머니는 드실 수가 없습니다.

고집살이

7살 아들 놈
축구하러 간다기에
축구화를 신고 가랬더니,
싫다고 투덜댑니다.

축구할 때는
축구화를 신는 거라고 말해보지만
싫다고 눈을 흘깁니다.

어른에게 눈을 흘긴다고
볼기짝을 때려줍니다.
볼에 흐르는 눈물보다도
훌쩍이는 소리가 더 마음을 적십니다.

결국은 달래보내고
결국은 축구화를 신고 갈 것을......
네가 어찌 내 맘 알랴마는
내가 어찌 네 맘을 알랴!

참.....
고 놈의 고집들!

어버이날에

어머니!

당신이 없으니
제 할 바 못하는 카네이션 한 송이가
먼 산 위에 우두커니
서 있습니다.

무엇인가를 줄 사람이 없다는 것이
이리 허전하고 아픈 것인 줄
오늘에야 깨닫습니다.

<시작노트>
2005년 어머니가 먼저 다른 세상으로 가셨습니다. 만나기로 한 약속도 없이 가셨지요. 해마다 어버이날에는 어머니가 그리울 겁니다.

雨中小考

방안에 갇힌 매미 한 마리,
창문에 빗기어 선
아름드리 국화꽃.
빛이 사라진 날 오후
아이들은
매미채를 들고 즐겁다.
그것을 빗줄기가
한참을 바라보다 미끄러진다.
나도 기운다.
멀리 한 가닥 전깃줄
한눈팔며 지나가다 목이 죈
연 하나
그와 눈이 마주친다.

〈시작노트〉
비 오는 날의 집안 풍경을 그려보았습니다. 덩그러니 앉아있는 아내의 모습… 정신없이 날뛰는 세 놈의 망아지들… 그 옆에 누워 이런저런 생각에 잠긴 내 모습…. 비오는 날에만 가질 수 있는 즐거움입니다.

한 그루 나무

푸른 옷소매가
닳고 닳아서 바랠 때까지
발돋움하여 동구밖을 바라보시더니

그 고운 얼굴이
눈물로 지워질 때까지
아직도 당신에겐
기다려야할 사람이 있나 봅니다.

<시작노트>
낙엽 뒹구는 가을입니다. 길거리에 서 있는 나무를 보니 어머니가 떠오릅니다. 오늘도 동구 밖을 내다보고 계실 것만 같은 어머니.

봄을 꿈꾸며

늦은 출근길
후다닥 신던 양말에 빵구가 나 있습니다.
꿰매지 않았다고 다그치니
아내는 빙긋이 웃으며 말합니다.

따뜻한 봄날에 언덕에 나가 앉으면
그 뚫린 구멍으로
향긋한 봄냄새나 맡으라고,
그 뚫린 구멍으로
모락모락 피어나는 햇살이나 들이마시라고.

너 잘났다 투덜대며 집을 나서니
쌓였던 눈 위에
햇살이 뒹굴고 있습니다.

아,
이런 날은
빵구난 양말마저도 벗어야 좋을 것 같습니다.

제2부
섬

산밑에 놀다가

보이지 않지만
소리쳐 부르고 싶습니다.
대답이 없어도
와 주는 이 없어도
그저 부르고 싶습니다.

이름은 잊었지만
얼굴은 잊었지만

우어이 – 우어이 –
날아가는 새들이라도 들으라고
죽은 귀신들이라도 들으라고

꿈 많던 아이야,
너도 듣느냐?
날 제일 사랑한다던 어머니,
당신도 들리십니까?

산밑에 놀다가

그냥 눈물이 나서 부르고 싶습니다.
풀꽃을 좋아하던 아이들아,
모래무치 쫓던 아이들아,
물보다 더 맑은 아이들아,
너희들 아직도 그곳에 있느냐?
너희들 아직도 거기에 노느냐?

뜻도 없이
이 산밑에 왔다만은
되돌아갈 수 없음을 어찌 알았겠느냐!
홀로 그리워할 줄을 어찌 알았겠느냐!

산밑에 놀다가........
부르지 않으면
내가 미쳐 죽을 것만 같아!

<시작노트>
그냥 그립습니다. 이유없이 목이 메이고 가슴이 답답해집니다. 그리고 어딘가에 홀로 나가 외치고 싶어집니다. 내가 꿈꾸던 세상이 이것은 아니었는데....... 어쩌다 길을 잃어 이곳에 오게 되었는지, 돌아가지 못하는 그곳에서 나를 기다리실 어머니를 그려봅니다.

철길에 울다

홀로 가는 삶이 외로울 것 같아도
꺾일 줄 모르는 홀로 사랑이
바다에 앉아 우는 새들처럼
슬플 것 같아도
실은
맞닿은 끝보다는 희망적인 것.

외로울 것 같은 두 영혼의 울림이
하나가 되는 날에
기차는 가지 못한다,
기차는 멈추어야 한다.

상극되어 밀리는 자석과도 같이
마주 잡고자 끝없이 달리는
사랑이
마주 잡고서 바라보는
절망보다야 낫지 않겠는가!

한 몸이 되지 못한다는 것이
함께 갈 수 없는 것은 아니다.

너를 가질 수 없음의 안타까움과
나를 줄 수 없음의 미안함을 간직한 채
서로를 마주보며 걷는 다는 것은
한 줄에 매달려 가거나
외줄 위에 비틀거리는 행복보다야
낫지 않겠는가!

바리케이트에 막힌 삶의 종착,
네가 거기 서 있고,
나는 네 맞은 편에 멈추어
바다를 생각한다.
우리는 바다로 가면 안되는 것인가!

〈시작노트〉
우리들은 하나가 되고자 노력합니다. 하나가 되자고 소리칩니다. 그러나 둘이지만 마주본 채로 서로를 잊지 않고, 서로를 생각하며 살아가는 것은 어떨까요. 하나가 아니기에 하나가 되기위해 몸부림치는 삶은 애절하지만, 혹은 슬플 것 같지만 그것처럼 아름다운 모습도 없을 것같습니다. 어느 한 가닥이 멈추면 달릴 수 없는 철길처럼……

인형뽑기

백 원을 넣고, 백 원을 넣고
오백 원을 넣고, 오백 원을 넣고
인형 하나를 건진다.

바다에 잠겨있는
곰돌이, 오리, 할아범, 스님
철아, 동희야, 현아,
내 기쁨들아!

돈 몇 푼으로 건질 수 있다면
열 번, 아니 백 번의 반복으로라도
세상의 밝은 곳에서 널 만날 수만 있다면
밤이 새도 괜찮다.

놓치지 말거라,
잡은 손이 으스러지더라도
꼬옥 붙잡거라.
놓치면 다시 바다밑인 걸,
허약한 내 손이 원망스럽구나.

하나 뿐인 내 손이 원망스럽구나.

길은 많지만
출구를 잃으면 길은 없단다.
흔들거리는 세상이 두렵더라도
놓치지 말거라.
밝은 세상을 함께 가자.

<시작노트>
우리 식구가 엄청 늘었어요! 요즘 인형뽑기가 유행이라지요? 아저씨들이 더 많이들 한다더군요. 벌써 우리 집에도 가득해요. 인형 뽑는 모습을 지켜보며 짧은 생각을 해보았습니다.

지하철을 탔을 때

허겁지겁 달려와 지하철을 탔다고 안심하지 마십시오.
무딘 열차는
정신 없이 앞으로만 간답니다.
당신이 내릴 곳을,
당신이 가고자 하는 곳을
아무도 기억해 주지 않습니다.

행여 졸지 마십시오.
옆사람에게 일러두었다고
행여 딴전을 피워서도 아니 됩니다.
당신이 가야할 곳은 당신만이 알고 있을 뿐입니다.

하지만 두려워 마십시오.
당신이 내릴 곳을 기억하기만 한다면,
가고자 하는 방향의 세월에 몸을 실었다면
당신의 목적지로 간답니다.

가파른 계단과 덜컹거리는 에스컬레이터를 탈 때라도,

긴 터널을 돌아 지하철을 갈아타야 할 때라도,
솔깃한 얘기로 가정용 세제를 선전하고 있을 때라도,
눈 감은 채 하모니카를 부는 가엾은 사람을 보더라도
가야할 목적지만은
절대 잊지 마십시오.

행여 누군가 내린다고 덩달아 내리지도 마시고,
행여 누군가가 아는 척 알려준다고
생각없이 내지리도 마십시오.
내릴 곳을 모른신다면 안내방송에 귀 기울이시고,
이미 열 번은 넘게 눈에 익혀둔 지도를 보며
가야할 길을 다시 확인해 두십시오.

지하철에 몸을 실었다고
다 목적지에 닿는 것은 아니랍니다.
잊지 마십시오,
당신의 목적지를.

<시작노트>
동인지 출판 기념회장에 모처럼 지하철을 타고 갔지요. 역을 지나칠 때마다 내려야 할 곳을 세어봅니다. 그리고 손목위에 돌아가는 시간을 봅니다. 역을 하나 지날 때마다 내가 갈아타야 하는 곳과 내려야 할 곳을 다시 확인합니다. 하지만 내 인생의 목적지는 잘 확인하지 않는 것 같군요.

새들도 떠날 때를 안다

흐드러지게 피었던 꽃이 지는 까닭은
자신의 자리를 비워주어야
새 잎이 자랄 수 있음을 알기 때문입니다.

새들이 자라 둥지를 떠나는 까닭은
바람이 쉬던 자리를
되돌려 주어야 한다는 것을 아는 까닭입니다.

세상을 채웠던 생명들이
겨울이 오기 전에
홀연히 떠납니다.
산에서
들에서, 혹은
집에서……

세상의 모든 것들은 떠날 때가 있습니다.
꽃들과 새들과 바람과 구름과
세상의 아름다운 것들은
떠나야 할 때에 떠납니다.

떠나야 할 때를 알아 떠나는 것은
머물렀던 때보다 더욱 아름답습니다.

<시작노트>
우리는 자주 시기를 놓칩니다. 시기를 놓치고 나서야 그것이 좋은 시기였음을 압니다. 시기를 놓치고 나면 늘 후회를 하지요. 시기를 놓친 것들은 늘 초라한 모습입니다.

강은 흐르지 않는다

세월처럼 흐르다가도 가끔은
아주 가끔은
새들이 나무 가지에 앉아 우는 것처럼
그렇게 바위에라도 걸터앉은 채
울고 싶을 때가 있을 게다.

묵묵히 서 있는 나무들을 보거든
그 옆에 함께 서서
눈두덩이 벌겋도록
살아온 날들의 넋두리라도 하고 싶을 게야.

꿈을 꾸느냐?
두 손에 담아보면
종이 조각처럼 날리는 꽃잎.
손에 남는 것은 잡히지 않는 향기일 뿐.
흐르다 보면 가끔은
눈 감은 채 꿈꾸고도 싶겠지.

보아라!
네가 흐르지 않아도
저 산꼭대기부터 저 바다 끝까지
세월은 이미 길을 놓았다.
누운 채 출렁이기만 하여도 흐르는 것을,

바람에 흔들거리기만 하여도
햇빛에 반짝거리기만 하여도
네가 흐른다는 것을 아는데,

바위를 붙잡고
나무를 붙잡고
드러누운 채 눈을 감지 않아도
강은 흐르지 않는다,
그저 세월에 출렁일 뿐.

<시작노트>
나는 늘 그대로인데 세월은 날 가만 두지 않습니다. 나는 늘 그 자리에 머물고 있었는데 사람들은 나보고 세월의 흔적이 묻어있다 합니다. 그들도 마찬가지입니다. 이 세상 모든 것은 흐르지 않는데, 세월만이 흐를 뿐인데.....

나의 빈 자리

나는 지금 자리를 비웁니다.
누구,
내 자리를 채워 주십시오.

내 몸만 떠났지
모든 것은 그대로 두었습니다.
희망도 그대로 걸어 두었고,
사랑도 피어있는 채로 두었습니다.

금방이라도 달려올 사람의 전화번호도 그대로 적혀 있습니다.
내게 오는 손님을 위해
붉게 물든 창가엔 찻잔 두 개를 씻어 두었습니다.
비라도 오거든
그 분을 맞아 비 소리에 흠뻑 젖어보십시오.

내가 돌아오려면 아직은 멀었습니다.
내 서랍에 담긴 어두운 기억들이
하나 둘 치워지고,

당신의 부푼 파일들로 가득 채워진 후에야
나는 당신이 부른 손님으로
창가에 앉아 당신과 차 한 잔을 마시겠습니다.

아니,
어쩌면 영원히 올 수 없을 지도 모르겠습니다.
행여 내가 오지 않더라도 잊지 마시고
유리판 밑으로 보이는, 바삐 그리다만 스케치에
맑은 물감을 칠해 주십시오.

〈시작노트〉
할일 없이 놀다보니 내가 앉았던 그 자리가 떠오르네요. 이제 그 자리에 누군가 앉아 있겠지요. 그 자리에 앉아 내가 꿈꾸었던 생각, 내가 하고 싶었던 계획을 그 사람이 이어주었으면 하는 바램을 가져보았습니다.

나는 바닥을 사랑한다

나는 바닥을 사랑한다.
내 몸의 첨병 손바닥과 발바닥과
낯바닥, 나는

바닥을 사랑한다.
하늘의 오만함에 맞서는
땅바닥과
거센 물줄기를 침묵으로 담는
강바닥과

이 세상의 바닥에 사는 모든 것을
나는 사랑한다,
바닥을 기는 벌레들과
바닥을 나는 새들과
세상의 밑바닥을 사는
사람들.....

누가 바닥없이 하늘을 날 수 있는가!

문자 메시지3

사랑한다,
사랑한다,
사랑한다고
두 번을, 세 번을, 네 번을
보내고 또 보낸다고 내 마음을 너는 알까.

잘못 눌렀나 보다,
잘못 눌렀나 보다,
잘못 눌렀나 보다고
두 번째도, 세 번째도, 네 번째도
잘못 보낸 메시지라고 너는 생각하겠지.

하지만 언젠가는 너도 나처럼
같은 메시지를 보내고
또 보내고 있을 것이다.

〈시작노트〉
그 마음을 다 전할 수 없어 "사랑한다"를 보내고, 또 보내봅니다. 하지만 그 사람은 알까요.
그 만큼 내가 그를 사랑하고 있다는 것을....

들판에 서서

어제는 들판에 서서
가야할 길을 찾아보았습니다.
가느다란 길은 가다말고
가다말고 어디론가 숨어버리고,

오늘 들판에 서서
가야할 길을 찾고 있습니다.
가느다란 길은 가다말고
가다말고 안개에 가리우고
산들에 강들에 갇히고 맙니다.

들판에 서서 그렇게 보낸 세월을
강물이 지나며
강물처럼 흐르라 합니다,
구름이 흐르며
구름처럼 떠나라 합니다.

하지만 내일도 들판에 선 채
가야할 길을 찾겠습니다.

오직 한 번 가야할 길이기에
오직 한 길만 가야하기에
그저 세월처럼 흐를 수는 없기 때문입니다.

<시작노트>
내 길이 어떤 길인지 아직도 모르겠습니다. 내가 가야할 길을 아직도 찾지 못했습니다. 하지만 어찌 한 번 뿐인 내 인생의 길을 섣불리 정할 수 있겠습니까. 결국 제자리에 머물더라도 내가 가야할 내 길을 찾을 것입니다.

계단에 앉아

계단을 오르다 말고 그 자리에 앉았습니다.
언젠가는 끝이 날 것이라는 것은 알지만
지금껏 올라온 날이 힘겨워
세월은 가도
나는 그저 잠시 쉬어가렵니다.

계단에 앉았습니다.
할딱거리는 숨소리보다는
이마를 씻어주고 가는 바람소리를 듣습니다.
하늘을 나는 비행기를 바라봅니다.
새들을 봅니다.
높은 곳을 꿈꾸지 않는 꽃들을 봅니다.

가야지,
일어서야지,
다들 가는데 나도 가야지.

계단을 오르다 말고 앉았습니다.
그 자리에 앉아 세월을 다 보내도 되겠지만
나는 잠시 쉬어갈 뿐입니다.
강물이 산자락을 맴돌다 가듯이 말입니다.

계단에 앉았습니다.
갈 수 없어서가 아닙니다.
가야한다는 것을 몰라서가 아닙니다.
그저 잠시 쉬어 간다고해서
계단의 끝이 멀어지는 것은 아니기 때문입니다.

〈시작노트〉
지하철 계단은 왜 그리 많은가요? 시간이 급할수록 숨을 헐떡거리며 오르는 계단은 결국 중간에 잠시 머물게 만듭니다. 하지만 쉬어간다고 해서 가야할 길을 못가는 것은 아니겠지요.

병상일지

이제는 묻지 않을랍니다.
당신이 내 곁에 누운 채
왜 식은 땀을 흘리며 괴로워 하는지,
거꾸로 보이는 하늘을 펴다가 내 옆에
화단처럼 꾸미는 당신,

이제 물을 필요가 없습니다.
당신은 내 곁에 누워 있고,
나는 당신 곁에 누워있으니까요.

푸석푸석한 가운을 갈아입는 당신을 보며
말 없이 떠나갔던
내 사랑하는 삶들의 뒷모습이 떠오릅니다.
당신의 고통을 잊은 채 내 등을 다독이시던
지금 당신의 뒷모습입니다.

세상이 왜 괴로워하는지
이제는 알 수 있습니다.
흰 건물에 갇힌 채 가운을 걸치고 있는
당신의 맥박이 힘겨운 까닭입니다.

횡단보도를 건너다가도
당신이 누워있을,
어쩌면 나를 바라보고 있을 당신을 향해
고개를 들어
내 작은 창문을 더듬어 봅니다.

아,
알 수 없는 그 곳에
알 수 없는 얼마나 많은 님들이
나의 뒷모습을 바라보고 계시나요?

〈시작노트〉
모르겠습니다. 이 작은 글이 저의 마음과 병상에 누워있는 분들의 위로가 될 수 있을지....
아프지들 마십시오. 아니, 한 번쯤은 아파보시구요. 우리 곁에는 늘 자유로이 하늘을 꿈꾸
는 사람들이 있습니다. 당신 곁에도 ......

섬

어서 오십시오.
환상의 세계에 오신 것을 환영합니다.
즐거운 시간을 위해
잠시 소지품 검사가 있겠습니다.

먼저 소지품을 보여주십시오.
돈과 금과 다이아몬드는 부패할 수 있습니다.
잠시 맡겨두십시오.
그리고 집안 일과 회사 일들은
반입 금지입니다.

주머니를 보여주십시오.
눈물은 위험물질이므로 휴대할 수 없습니다.
분노는 화재의 원인이 됩니다,
맡겨놓으십시오.
꼬깃꼬깃 추억도 넣어두셨군요,
가지고 가시되 잃어버리지 않도록 주의하십시오.

즐거운 시간이 되십시오.
아, 참
바다물에 갇힐 수 있으니
시간은 꼭 지켜주십시오.
간혹 나오지 못해 갈매기가 된 사람도 있습니다.
간혹 나오다가 중도에 익사하는 사람도 있습니다.

그리고 행여 나오시는 길에
환상이 깨지는 것을 두려워 마십시오.
깨질 수 있어야만
새로운 환상을 맛볼 수 있답니다.

<시작노트>

섬에 가보셨나요? 어제 오후 늦은 6시에 대부도를 갔었지요. 그리고 돌아오는 길에 누군가 "환상의 세계에서 일상으로 돌아아간다"는 아쉬움을 말하더군요. 일상이 있기에 환상도 가능한것입니다. 어느 날 뜬금없이 일상의 세계를 탈출해 보십시오.

눈물

다 죽어가는 날에도 나에게
남은 힘이 있었네.
슬픔의 기력이 다하여 맨 땅위에 엎드린 채로
눈을 감으면
꿈틀대며 움트는 새 생명이 있나니,

내게는 아직 죽지 않은 기쁨이 있었네.
가슴이 닫히우고
마음이 찢기우고
사지가 절단되는 날에도
기쁨으로 솟아 나는 뜨거운 피가 있으니,

그 피가 흘러
내 가슴과 마음과 사지를 적시면
새롭게 사는 것이지,
맨 땅에 엎드린 채로 꽃을 피우던
민들레처럼.

내 눈물이 마르기 전에는
내 눈물이 그치기 전에는
나는 죽지 않았네.

<시작노트>
눈물은 곧 새로운 시작입니다. 눈물은 맨땅에 피는 꽃입니다. 눈물이 마른 사람은 이미 죽은 목숨입니다. 눈물을 흘릴 줄 아는 사람만이 살아있습니다. 눈물은 끝이 아니라 생명의 시작입니다.

벽

아직도 내가 남긴 낙서를 간직하고 계시는군요.
아직도 내가 그린 그림을 그대로 안고 계시는군요.
바람이 불어도 눈이 날려도 흔들림 없이
아직도 이곳에 서 계시는군요.

나야 생각나면 찾아와 한 줄 긋고 가면 되지만
당신은 아닙니다,
지울 수 없는 그리움으로
당신은 또다시 나를 기다리십니다.

나야 잠시 등 기대고 괴로움을 잊으면 그만이지만
당신의 가슴은 이미
내 눈물보다 더 많은 눈물을 흘리셨을 겝니다.
세월이 지나도
지울 수 없는 아픔으로 가슴을 적실 것입니다.

당신이 내 곁에 서 있는 것만으로도
내겐 세상을 얻는 기쁨이었습니다,

묵묵히 내 등을 어루만져주는 것만으로도
나는 일어설 수 있었습니다.

당신은 나를 위해 바람을 막고 서 계십니다.
당신은 나를 위해 눈보라를 막고 계십니다.
당신이 아니었다면
나는 머무를 곳도 없이 추위에 떨며
언덕을 오르고
강을 건너고
들판을 헤매었을 것입니다.

이제는 작은 공간마저 남은 곳이 없습니다.
수 없이 휘갈긴 낙서와
뜻 없이 그려놓은 그림들로
당신의 가슴은 성한 곳이 없습니다.
하지만 당신은 지금도 다 끌어안고 사십니다.

남들은 눈을 돌리지만
당신의 등에 다시 한 번 기대보고 싶습니다.
당신의 가슴에 묻힌 채
지나온 세월로 돌아가고 싶습니다.
내 몸째로 낙서가 되어
당신 안에 함께 하고 싶습니다.

나 죽는 날

나 죽는 날
그 누가 일러준다면
하루하루 날을 세다가
하루하루 날을 세다가

열흘이 남았다고 누가 일러주거든
편지를 쓰겠습니다.
내 사랑했던 사람들에게
내 목숨처럼 사랑했노라고.
지금 그 사람들을 헤아려 보고 있습니다.

닷새가 남았다고 또 알려준다면
모아두었던 정든 얼굴들을 불태우겠습니다.
내 정든 사람들에게
이젠 잊으라고.
지금 그 사진들을 추려봅니다.

사흘이 남았다고 누군가 또 일러준다면

바다로 가겠습니다.
해변을 걷다가 아이들에게 일러줄 것입니다.
저 바다처럼 살고 싶었노라고.
지금 그 아이들을 바라봅니다.

이틀이 남았다고 일러줄 이가 있다면
선물을 사러가겠습니다.
아내에게 줄 평생의 마지막 선물을.
지금 그 선물을 골라 봅니다.

오늘이 이승의 마지막 날이라고 말해주는 이에게
고개를 끄덕이며 기도하겠습니다.
이제부터 제대로 다시 살겠노라고.
지금 그 기도를 시작했습니다.

〈시작노트〉
죽음에 임박했음을 안다면 사는 게 달라질 것 같습니다. 지금 그 연습을 한다면 나의 삶이 보다 충실해질 것 같습니다. 나 죽기 열흘 전에 할 일을 지금 시작하렵니다.

들판에 서서2

횟집 쟁반 속살 벗긴 구름 한 점을
고무신에 구겨 넣은 채
더듬이 잘린 나비 한 마리
차바퀴에 치여 즉사하던 모습으로
강물이 누웠다
바르다 만 메니큐어 휘뿌리며
가다가
가다가
전깃줄에 목이 잘려 붉은 피
방- 울- 방- 울-
저 어여쁜 세상이여!
갓난 천둥은
내 가슴에 파묻혀 울고
아버지 머리위로 파랗게 피어있던 만 원 짜리 지폐
지폐 지폐들
꽃 잔치
잔치 마다하고
그 날 서쪽 하늘엔 새 한 마리
떴다

결번

어디로 갔을까.
번호만 남겨둔 채
살던 사람은 어디로 갔을까.

십 년 넘은 나의 번호는
아직도 그대로인데,
자살한 친구의 책상위에 묵묵히 놓여있던
국화꽃 한 다발.
그의 이름은 지워졌지만
그의 번호는 그대로였었는데,

"없는 국번이나 결번"에 있던 사람들은
지금 어디에 있을까.
적힌 번호를 다시 눌러보지만
끝내 그들은 돌아오지 않았다.

날 흐린 오늘 오후엔
국화꽃을 사러가야겠다.

눈 내리는 까닭은

내 이마에 눈 내리는 것은
둥지에 남겨진 새들의 향기마저
슬며시 잊은 척
살아가라는 것이다.

저 들에 눈 내리는 것은
감춰진 얼룩이 번지는 무지개처럼
그렇게 세월도 새록새록 젖으란 말이다.

저 산과 강과
뜨락에 눈 내리는 까닭은
다 가고 없는 날에도
누군가는 지켜야하는 것이 있다는 것이다.

홀로 뒤척이는 밤에
하염없이 눈 내리는 까닭은
달빛에 젖어 돌아오는 그대에게
푸짐한 밥상을 내라는 뜻이리라.

아,
남겨진 것도 없는 날에
하염없이 눈 내리는 까닭은
내게 주어진 마지막 일기를 쓰라는 뜻이다.

그리울 때는 울어버려라

그리울 때는 울어버려라.
한 올의 실도 걸치지 않은
목련처럼
나무 가지 한 끝에 몰래 앉아
울어버려라.

보고 싶다고 들판을 헤맨들
그리움이 잎으로 피겠느냐!
그리워 강물 위를 걷는다고
배처럼 떠서 바다를 갈 것이냐!

그리울 때는 울어버려라.
처마 끝
어미를 찾는 제비 새끼 마냥
부끄럼 없이 울어버려라.

울지 못하는 꽃들이
그리움에 겨워 지고 있느니!

그리울 때는,
참으로 그리울 때는
들판에 드러눕는 바람처럼
남김없이 울어버려라.

시계가 멈추었을 때

시계를 죽인다.

그리도 나를 세월의 강에 내몰던
시간의 창칼,
네가 죽고 내가 산다.

너에게 뒤쳐지는 날이 제삿날이라고
내 그리 알고 살았기에,
무서웠던 것은 오직
숨가삐 달려오는 너의 맥박소리.

아,
피비린내도 없는 주검이여!
숱한 영혼들을 할퀸 날카로운 이빨도
한 줌의 흙으로 돌아가려는
솔잎처럼
나,
너와 함께 멈추어 섰다.

제3부
작은 것은 아름답다

호도알 하나

온 가족 조잘조잘 어울리던
호도알 하나,
제 갈 길인 양 내게 오더니

무뚝뚝한 내 손에 안긴 채
밤새도록 웃다가
하루 종일 울다가

아무도 없는 날에는
방안에 우두커니 앉아
가족이 그립습니다.

약속2

잊었나 보다.
눈이 온다니
잊었나 보다.

또 잊었나 보다.
옛날 생각이 나서
또 잊었나 보다.

그리고 잊었나 보다.
저는 잊어도
나는 잊지 못한다는 것을
그새 잊었나 보다.

<시작노트>
당신은 잊었어도 잊지 않고 있는 누군가가 있습니다. 한 번쯤 당신의 주변을 생각해 주십시오. 당신도 누군가를 잊지 않고 있을 것입니다.

한 여인을 보았네

한 여인을 보았네.
나무 가지에 걸터앉은 것이
그네를 타는 줄 알고
등을 밀어주러 갔다가
하마터면 그 하얀 목덜미에 놀라
눈물 흘릴 뻔 했네.

한 여인을 보았네.

파르르 떨리는 몸짓이
물결에 떠밀려 오는 줄 알고
허름한 두 손을 내밀었다가
하마터면 그 눈부신 손등에 숨이 막혀
심장이 멎는 줄 알았네.

한 여인을 보았네.

아무도 그를 여인이라 않겠지만
봄밤이면 내 뜨락에
호롱불처럼 홀연히 나타났다 사라지는
나는 분명
한 여인을 보았었네.

우산 한 개

맑게 개인
참으로 넉넉한 날엔
날 찾지 마셔요.

주체할 수 없이
빗물처럼 눈물이 흐르는 날에
그대의 꽃이 되리오.

장미꽃, 복사꽃, 해바라기
다들 가고 없는 흐린 하늘에
그대 그리운
소쩍새가 되리오.

〈시작노트〉
우산처럼 늘 편안한 친구가 되었으면 합니다. 그런사람들이 많았으면 합니다.

또 한 사람을 보았다 1

벙그러진 국화꽃을 보고
화들짝 놀라는 사람을,
발밑에 바스락대는 낙엽을 보고
미안해 도망치는 사람을

가다 말고 멈추어 서서
기쁨의 눈망울로
그 사람을 지켜보던 사람,

그런 사람을
오늘 또 한 사람 보았다.

나는 물이로소이다

나는 물이로소이다.
당신이 살라는 대로 살지요.
당신이 둥그렇기를 원한다면
내 둥그렇게 살리다.
당신이 쉬엄쉬엄 살기를 원한다면
드러누운 채 별을 바라봅니다.

나는 또 물이로소이다.
당신이 꿈꾸는 대로 살지요.
숲이 그립다면
내 거기에 아담한 우물을 지으리다.
불모의 대륙에 빛이 되시려거든
당신의 그림자를 따라
내 거기에 멈추지 않는 욕망으로 흐르리다.

나는 당신의 모습이로소이다.
당신이 둥글면 나도 둥글고,
당신이 모나면 나도 모가 나고,
당신이 넉넉하면 나도 넉넉하지요.

당신이 떠나면 나도 떠나요,
당신이 흔들리면 나도 부서져요.
따듯한 당신으로 인해 내 몸도 따듯하답니다.
당신은 나를 빚어내는 조물주로소이다.

〈시작노트〉
화장실에 갔다가 불현듯 스치는 생각을 적어보았습니다. 변기의 모양대로 고인 물을 보니 세상사는 것이 물같으면 되겠구나 하는 생각이 들더군요. 그래서 물 흐르듯이 살라는 말이 생겼나 봅니다.

겨울이 온다고

겨울이 온다네요.
잊고 있었는데, 옆집 꼬마가 달려와서는
치마 가득
봄을 쏟아내네요.

파랗게 놀란 입에선
숨소리가 하얗게 익어가고요,
분홍색 털조끼엔 벌써 꽃씨가 맺혔지요.

겨울은 희망을 안고 있다네요.
그 안에 다둑다둑
꽃과 새와 나무와 시냇물을 재우고 있다네요.
아이는 좋아 어쩔 줄 몰라 합니다.

가을이 가면 그만인 줄 알고 있었는데,
겨울은 그저 방안에 웅크리고
창문을 닫은 채
고개 숙인 사람들이나 보려 했는데,

아이는 털장갑 하나를 내게 주고는
함께 나가 놀자고 하네요.
겨울이 외롭지 않게,
겨울이 되돌아가지 않게,
그의 입은 벌써 피리가 되었습니다.

겨울이 온다네요.
잊고 있었는데, 옆집아이가
살짝 귓속말로 전해 주데요.
그 안에 가득
감춰둔 보물이 있다고 함께 찾으러 가자네요.

인연7

그대는 내 밖에 있어서
그대가 그리울 때면 내 안은 늘 비어 있었는데,
내 안을 바라다보면
그대는 늘
그 한 가운데에 섬처럼 떠 있습니다.

잊히겠지
잊히겠지
그리 생각하며 지냈었는데
그대는 숲이어서
내 안의 샘이 마르지 않는다는 것을
어찌 몰랐을까요.

그대를 사랑한 적은 없는데,
그저 만나면 기뻤을 뿐인데,
어느 새
그대 안에 들꽃이 되었습니다.

지워지겠지
지워지겠지
그리 생각하며 지냈었는데
그대는 햇살이어서
내 안의 꽃잎이 시들지 않는다는 것을
어찌 몰랐을까요.

뻐꾸기 사연

울어도
꾸역꾸역.
누가 울으랬나.
누가 울리기라도 했나.

다들 잠든 밤에
숨어 운다.
제 어미도 밤에 운다는 것을
누구도 알려주지 않았는데,
누구도 제 어미가
절 버리고 달아났다는 것을 말하지 않았는데

나는 누가 버렸을까.
나는 누가 버렸기에
밤이면 밤마다 그리워 우는가.
날 버린 사람도 밤마다 슬퍼서,
슬퍼서 숨어 울고 있는가.

땅콩을 까다가

생각없이 방문을 열었다가
아,
나란히 누운 두 연인.

옷을 벗기면
하얀 몸이 부끄러워
후다닥 달아나는
저 여인네.

날 잡숫소,
제 몸 쪼개어 아낙을 지키려는
저 거룩한 지아비.

작은 세상,
허름한 집에도
사랑은 있었네.

가을에

아,
잊혀졌던 그 아우성
지금 귓가에 들리네.

세상은 해마다 한 가지씩은
잊어 가는데,
잊을라 하면 뚝뚝 흘리는
피!

보이지 않아도 살아있음을,
소리치지 않아도 숨쉬고 있음을
너희는 알라고
피묻은 살점 남기며

죽은 줄 알았는데,
작년 엄동설한에 뼈만 남긴 채
다 죽은 줄 알았는데
해마다 어김없이 너는 찾아와

아,
잊혀졌던 그 아우성
나 살아있기에
너 살아있기에
이 가을에 다시 듣노니!

숨박꼭질

다들 숨었니?

난 찾으러 안 가.
너희들이 나오지 않는다면
나도 여기 가만 있을거야.

내가 찾으러 안 가면
너희도 안 나올테지.

그래,
너희도 쉬고
나도 잠시만 쉬자.

들킬 일 없이
쫓을 일 없이
그렇게 해가 가면 좋겠다.

먼 훗날에도
늘 그랬으면 좋겠다.

개미 한 마리

6m×100cm×10mm÷2mm=3000
자기보다 3000배나 높은 곳을 오르는 것은
고상돈만이 아니었다.

실바람으로도 흐트러질 듯
저 아스라한 수직의
꿈.

더듬거리며 비켜오기만 한
내 지난 날,
나는 지금 어디쯤 올라온 것인가.

세상은 내게
너무나 큰 꿈이다.

<시작노트>
작다고 작은 꿈만을 꾸는 것은 아닙니다. 큰 사람이라 하여 큰 꿈을 꾸는 것이 아니듯이 말입니다.

고양이 한 마리

그대,
고양이처럼 죽어있는
산을 보았는가!

밤 늦도록 눈을 비벼가며,
절간에 쌓이다가
쌓이다가 목탁소리에 부서진
그 하얀 눈처럼 맑은 눈으로 일하고
돌아오는 길에 차에 치여
검은 아스팔트에 피 한 방울 남은 것 없이
고양이처럼 죽어있는
산을 보았는가!

차들은 비켜 갈 수 있는데,
고양이는 미처 비켜갈 수 없는데,
안개 마저 없는 이른 새벽에
고양이처럼 죽어있는
산을 보았는가!

밤새도록 치켜 뜬 눈은 단지
허기진 배를 채우고자 함이었는데,
벌거벗긴 채 고양이처럼 죽어있는
산을 보았는가!

그대,
아스팔트 위에 누운 채
벌거벗은 고양이처럼 죽어본 적 있는가!

<시작노트>
문득 차에 치여 죽어있던 고양이가 떠오릅니다. 나의 사후를 떠올리며 안쓰러움과 부끄러움을 가져봅니다. 내가 죽고나면 다들 고양이를 보듯이, 아스팔트에 뒹구는 고양이를 보듯이 그냥 스쳐갈 뿐이겠지요. 그리고 나는 벌거벗은 몸을 부끄러워하며 누워 있겠지요.

비를 맞으며

네게 비워진 만큼 내가 채울게.
아니야,
네가 필요한 만큼 내가 비울게.

너의 빈 곳이 없었다면
내 몸은 머물 곳이 없어.
아니야,
네가 아니었다면
내 마음은 한낱 공허한 그릇일 뿐,
누가 내 마음을 채워주리.

오늘은 내가 너로 인해
온 몸을 편히 쉰다.
아니야,
오늘은 내가 너로 인해
온 몸을 촉촉히 젖시운다.

편지

배를 갈라서라도 내 사랑을
보일 수만 있다면
찢기는 아픔쯤 두렵지 않습니다.

내 몸에 점점이 박힌 사랑의 씨앗들이
맑은 눈빛에 캐내어져
부드러운 입술에 씹히어도
난 행복할 뿐입니다.

온 몸이 짓이겨져 버려질 지라도
이미 당신 마음속엔
내 사랑의 씨앗들이 움틀 것을 알기에
차가운 뜰에
낙엽처럼 뒹굴어도
난 슬프지 않답니다.

〈시작노트〉
편지를 주고받던 때가 그리워집니다. 전화 한 통화보다도, 몇번이고 다시 써서 보냈던 편지가 더 정겹게 느껴집니다.

단풍잎 하나

키 작은 몸을 꼿발 세워
여름내 지켜보다가

기다리다 못해 주루루 달려나와
발 앞에 멈추는
단풍잎 하나.

모른 척 지나치면 토라질까
슬그머니 눈길 주면
바람에 떠밀린 척 뒤따라오는
수줍은 여자애.

사랑이라 말하지 않아도
네 얼굴엔 이미
여인네의 향기가 짙다.

〈시작노트〉
당신을 그리워하는 누군가가 있습니다. 가을이 가기전에 둘러보십시오. 당신을 본 순간 수줍어하는 여인이 있을 것입니다.

한 송이 맨드라미

치마가 흘러내린다,
저 맨드라미.
누구한테 홀려 얼굴 붉힌 채
다홍치마 슬금슬금 벗고 있느냐?

젊은 날이 다 간다고
저 경망스런 맨드라미,
누굴 홀리려 옷을 벗느냐?

치마를 올리거라,
네 얼굴에 깃든 세월의 무늬가
더 아름다운 것을!

〈시작노트〉
맨드라미를 아시나요? 길을 가다가 우연히 바라보니 잎이 밑으로 툭 처져 있어 안타깝더군요. 가을은 아름다움보다는 생명들의 지나온 날들을 반추하는 계절인 것 같습니다. 오늘 한번 주위를 둘러보시지요. 그리고 님의 얼굴도 한번 비추어보시구요.

인연8

내가 너를 꿈꾼 적도 없는데,
네가 나를 그리워한 것도 아닐텐데
나 외로운 날에
먹구름에 따라온 빗줄기 마냥
너는 내 가슴에 꽂힌다.

내가 너를 기다린 것도 아닌데,
네가 나를 생각한 것도 아닐텐데
강물이 흐른다는 이유로
눈감은 침묵의 내 벼리에 걸린 것처럼
너는 내게 왔다.

휘휘 저으면 날아갈 듯한
내 생의 변죽에 서서
너는 얼마나 괴로워 했느냐!
차라리 바람도 외로이 떠돌던 날에
논둑을 걷다가,
잊어버린 듯 흥얼거리며 노을 위을 걷다가
쓰러져 죽을 일인데,

눈물도 없는 내게 들어와 너는
내 눈물이 되어주었다.
이미 죽어 희망도 없는 마른 장작더미에
너는 불길처럼 치솟는 기쁨이 되었다.

너는 늘 내 주변에 머물렀지만
나는 이미 네 안에 있었던 게다.
나는 이미 너였던 거다.

<시작노트>

잊혀지지 않는 사랑이 있습니까? 어쩌면 그 사랑은 이미 만들어진 채 두 사람을 기다리고 있었던 것일지도 모릅니다. 그리고 우리는 그런 만남을 우연이나 인연이라고 부르는 것이겠지요. 주변에 당신의 사랑이 있는 지도 모릅니다. 그리고 그것이 맞다면 언젠가는 맺어질 것입니다. 참고 기다리십시오.

거위 몰팬

내 꿈은
새들의 고향 나폴랜드에 가는 것이라네.
날아가는 기러기들처럼
나에게도 날개가 있어, 그들처럼 날아서
나폴랜드에 가는 것이라네.

날지 못하는 나를 누가 새라고 할까.
내겐 날개가 있어,
하늘을 날아서
나, 나폴랜드에 가려네.

우습다고 놀려도
괜찮아.
나, 훨훨 날아
새들의 고향 나폴랜드에 가려네.

그 곳을 언제 떠났는지 몰라도
그 곳을 왜 떠났는지 몰라도

그 곳에 돌아가야 한다는 것은 알아.
나, 돌아가려네
새들의 고향 나폴랜드로.

〈시작노트〉

만화 "닐스의 모험"을 아십니까? 그 내용중 거위가 나오지요. 다소 덜 떨어진, 하지만 고집이 있고, 꿈을 잃지 않는 참 정이 가는 거위지요. 결국 그 새는 나폴랜드에 도착하지요. 이미 스무 번이 넘게 본 만화지만 볼 때마다 내용이 늘 다르더군요. 오늘은 문득 꿈을 잃지 않고 살아가는 한 마리 새의 몸짓이 눈에 닿았습니다. 날지 못한다고 생각마시고 꿈을 키워나가십시오. 나폴랜드에 갈 수 있을 것입니다.

오이도에 관하여

오이도를 아십니까?
오이도를 가 보셨나요?

오이도에는
오이가 아주 많답니다.
지나다가 한 두어 개 따 먹는다고
누구도 시비 걸지 않지요.

오이도에는
바람따라 들려오는 뭍 얘기를 듣느라
다들 귀만 크지요.
들르는 사람들 귀도 다 커진답니다.

오이도를 아십니까?
오이도를 가 보셨나요?

남해안 고속도로를 타고 달리다가,
막다른 곳에 이르면 좌회전을 하십시오.

파도의 손톱자국이 주욱 죽 나 있는
방파제를 따라 거닐다 보면
갈매기들이 앉아 소꿉장난을 하는 포구가 나온답니다.
그곳이 오이도지요.

그도 알 수 없거든
가다말고 가다말고 물으십시오.
오이도를 가려면 어디로....
이 길로 가면 오이도가 나오나요?
오이도는 어느 쪽인가요?

다들 아는 것처럼 말해주지만
그 곳엔 오이도가 없답니다.
실은 저도 오이도를 몰라요.

안개꽃 한 다발

달이
혼자 피어있기 쓱쓰러울까 봐
그를 닮은
꽃 한 다발을 만들었습니다.

꽃 한 다발 들고
남자가
홀로 가는 모습이 애처러워
그녀를 닮은
하얀 얼굴로 함께 걷고 있습니다.

밤새
꽃잎에 달빛이 들어
날이 새도 하얗게, 달처럼 하얗게
그렇게 안개꽃이 되었답니다.

<시작노트>
안개꽃을 들고가는 한 남자의 뒷모습을 보다 적어보았습니다. 그 모습이 그려지나요? 안개꽃은 밤에 선물하는 것이 좋을 것 같더라구요. 얼굴도 하얗게 빛나는 것이 달과 꽃과 두루 어울리더군요.

사랑, 그 아름다운 이야기3
기다림은 사랑보다 아름답다

지은이 / 박노산

2007. 9. 20. 초판발행

펴낸곳/ 도서출판 엠-애드
서울시 중구 필동3가 10-1
전화 / 02) 2278-8063/4
팩스/ 02) 2275-8064
e-mail/mdd1@hanmail.net
등록번호/ 제2-2554

책임편집/ 이승한
마케터/ 이종학
디자이너/ 임선실
전산팀/ 임재혁

정가: 7,000원

ISBN 89-88277-59-7